Colorea Mi Jardín

UN LIBRO COLOREAR LOS PÁJAROS, ABEJAS, MARIPOSAS Y BICHOS

Escrito y ilustrado por
Sandy Baker

Traducido por Carolyn Thiessen

Black Garnet Press
Santa Rosa, California

❀ A todos los niños a quienes les encantan los jardines ❀

Colorea Mi Jardin

UN LIBRO PARA COLOREAR PÁJAROS, ABEJAS, MARIPOSAS Y BICHOS

Black Garnet Press
PO Box 2914
Santa Rosa, CA 95405

ISBN 978-0-9832383-8-6

Diseño por Rita Ter Sarkissoff • www.springhillbooks.com
Impreso en los Estados Unidos de América

También escritos por Sandy Baker
The Dead Butterflies Diary, 2013
Zack's Zany Zucchiniland, 2012
Mrs. Feeny and the Grubby Garden Gang, 2011
The Tehran Triangle (with Tom Reed), 2012

Para más información, visite el sitio de la red de la escritora www.sandybakerwriter.com

Las casitas de pájaros son ponederos. Muchos pájaros se aprovechan de casitas construidas para los pájaros. Otros construyen sus nidos en árboles, maleza y arbustos. Los pájaros no viven en las casitas. Sólo las usan para construir sus nidos adentro y poner e incubar sus huevos. Crían sus polluelos allí hasta que los "bebés" puedan volar.

¡La mamá pajarito protege sus huevos! Los pájaros tampoco viven en sus nidos. Cada año, durante la temporada de anidar, construyen un nido nuevo, en la cual la mamá pone sus huevos. Se sienta en ellos hasta que salgan del cascarón los polluelos. El papá les trae la comida a la mamá. Recuerda, nunca se debe molestar un nido lleno de huevos o polluelos. Es contra la ley.

¡Los pájaros beben el agua en que se bañan! Los pájaros necesitan agua para beber y bañarse, lo que hacen en las pilas para pájaros. ¡Puaj! ¡Qué asequeroso! ¿Beberías tú el agua en que te bañas? Es importante mantener limpias las pilas, rociándolas y rellenándolas con agua fresca usando una manguera cada dos o tres días. Los pájaros te darán las gracias.

¡A los pájaros les encantan las coronas! Las coronas hechas de cosas naturales bien coloridas atraen a los pájaros. A veces comen las bayas y se llevan las ramitas e hilos para construir sus nidos. Hasta construyen sus nidos a veces en la corona misma. Y lo pueden hacer aunque la corona está colocada en la puerta principal de la casa. ¡Favor de no molestar el nido cuando hay polluelos o huevos adentro!

¡Los girasoles - flores chistosas! Generalmente son muy altos y de un amarillo claro, pero a veces se ven de otros colores. Algunos de los muchos pájaros que comen las semillas son: los paros, jilgueros, pinzones, praderos, palomas de luto, codornices, gorrión molineros, copeloncitos, y mirlos de alas rojas.

¡A los colibrís les encanta el color rojo! Cuando Howie lleva su gorra roja, el colibrí se acerca bien cerca para ver si su gorra es una flor. Los colibrís son muy agradables y graciosos. Parece que saben que Howie no les va a hacer daño.

¡O colibrí, con tus patitos curvados! Los colibrís son los únicos pájaros que no pueden caminar. Eso es porque sus patitos sólo pueden posarse en pequeñas ramitas, parras o alambres. La cosa buena de que se batan sus alas tan rápido es que pueden cenerse sobre la flor mientras chupan el néctar.

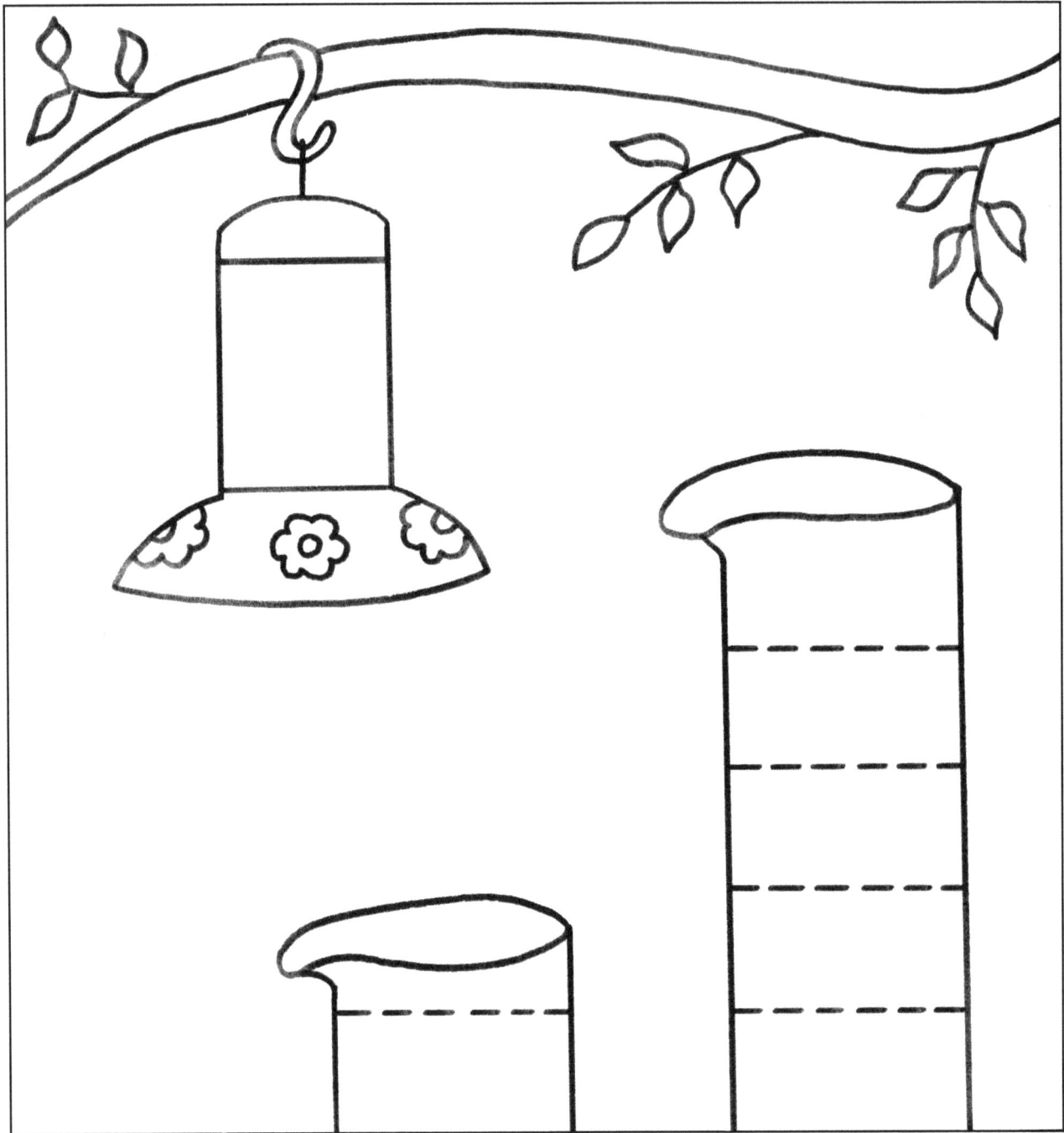

¡Los colibrís agradecen el néctar hecho en casa! El rojo es el color favorito de los colibrís. Por eso, la mayoría de los comederos especiales para ellos tienen las partes arriba y abajo de color rojo. Para hacer el néctar, se mide cuatro partes de agua con una parte de azúcar. Se hierve el agua, se añade el azúcar y se revuelve bien. ¡Nunca se añade colorante rojo al néctar! Se deja enfriarse un poco antes de llenar el comedero limpio. Se lo cuelga afuera en frente de una ventana y se los mira. ¡Qué divertido!

¡Arañita chiquitita, teje tu tela bien fina! Los colibrís comen bichitos atrapados en las telarañas—¡riquísimas, buena proteína! También usan los hilos finos de la telaraña para mantenerse unidos los pedacitos pequeños de musgo, liquen, pelo de perro y pelusa de la secadora para construir su niditos en miniatura.

¡Campanas y trompetas atraen los colibrís! El pico largo del colibrí es perfecto para chupar el néctar de las flores en forma de campana o trompeta. Los colibrís pueden cenerse en frente de la flor—las mariposas no lo pueden hacer. Estas necesitan una plataforma de aterrizaje.

¡Ay, ay, ay! ¡Competición en el jardín! La fruta, el néctar y las flores atraen a los pájaros, mariposas y abejas. Se sabe que el jardín está en balance cuando todos ellos están allí, comiendo y trabajando. A veces los colibrís desalojan las abejas, ¡lo cual hace muy alegres las mariposas!

¡Un búho cornudo de ojos amarillos que miran fijamente! El búho nocturno se deleita comiendo los ratoncitos, taltuzas, alacranes y otros animalitos. El vive cómodamente en muchas partes de los Estados Unidos, en bosques, desiertos, pantanos, ciudades, huertas, parques y jardines de casa. Es una alegría oír al búho por la noche dando cinco gritos.

Las abejas zumban, zumban, zumban ... buscando el néctar y polen.
Las abejas son polinizadores. Sin las abejas, no tendríamos tanta comida
producida para nuestra alimentación. Tendríamos un 33% menos. A la
mayoría de las abejas les gustan las condiciones calientes, áridas y sin
viento. Pero nuestras abejas nativas vuelan en las condiciones húmidas y
un poco frías. El polen se pega a los cuerpos peludos de las abejas.

¡Mariposa aleteosa, aterriza en una flor! Las mariposas son bien bonitas, en un arco iris de colores. Les gustan las flores moradas, rojas, anaranjadas, y hasta blancas. Necesitan flores abiertas que funcionan como "plataforma de aterrizaje", donde pueden pararse y comer el néctar.

¡Qué divertida sacar fotos de mariposas! Si matas una mariposa, vas a perder muchas generaciones de estos insectos tan bonitos. Betsi usa su cámara para sacar fotos de las mariposas en su jardín. Entonces las tiene en sus fotos para siempre.

¡Las piedras del jardín se usan para calentarse! Las mariposas no pueden volar cuando hace frío. Disfrutan del calor del sol, sentadas en las piedras, para calentar los músculos de sus alas. ¡Mmmm! El sol caliente siente bien, y pronto la mariposita estará aleteando de nuevo.

Las flores favoritas de mariposas son planas para que puedan aterrizar y pararse. A las mariposas les gusta un macizo grande de florecitas pequeñas, como un arbusto de mariposas o glicina. También les gustan las zinnias, malvarosas, lantanas, flores de botón de soltero, caléndulas, y muchas otras.

Un campo de las flores favoritas de mariposas: Milenrama, pimentón, lavanda, margaritas de pétalos color de oro, y otras flores de muchos colores. Si plantas estas flores favoritas, vendrán las mariposas. ¡Pruebalo¡

¿Cuántas mariposas puedes hallar TÚ? ¿Las pueden ver tus ojos? Usa colores bonitos para que las mariposas se destaquen del fondo. ¡Diviértete! ¡Sé creativo! ¿Qué más ves en el dibujo? Algunas personas dicen que las mariposas son "flores volantes".

Algunos bichos buenos para el jardín: Mariquitas o escarabajos comen áfidos y otros insectos pequeños. El escarabajo de tierra es un predador general. Come de todo. Y la libélula bonita come los insectos de cuerpo blando. Los insectos buenos comen los malos, y los pájaros los comen todos.

¡Mariquita, mariquita, vuela a casita! Son muy beneficiales para el jardín. Especialmente les gusta comer muchos áfidos que destruyen los rosales. Las mariquitas saben muy mal a los animales—¡así que no los comen!

¡A veces los insectos buenos se esconden! ¿Puedes hallar todos los bichos buenos escondidos en este dibujo? ¿Cuántos hay? ¡Coloréalos para que casi salten de la página! Los insectos buenos comen los malos, y los pájaros los comen todos por la proteína que proveen.

¡Uy! Al artista se le olvidó terminar el dibujo. ¿Lo puedes hacer tú? Busca las líneas que faltan. Dibújalas y luego colorea el dibujo con tanta creatividad como puedes. Hay muchas opciones con que puedes terminarlo. El tuyo va a ser especial. ¡No habrá otro igual!

Un jardín de Pájaros, Abejas, Mariposas y Bichos. Con estas criaturas beneficiales, nuestros jardines estarán "en balance". No será necesario la fumigación tóxica. No habrá ningún peligro de los esprays tóxicos ni para los vegetales ni las flores. Se podrá cosecharlos y comerlos sin riesgo. Colorea este jardín de muchos colores vibrantes.

¡Y ahora dibújalo tú! Dibuja y colorea tu propio jardín balanceado.

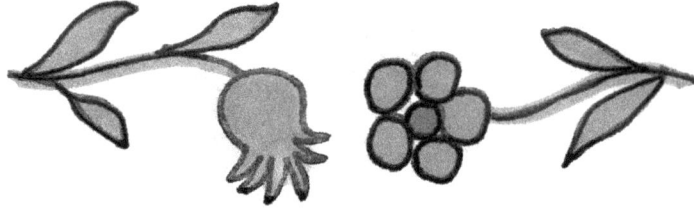

Glosario Del Habitat

el Camuflage - un disfraz, algo que esconde una cosa, o lo hace parecer otra cosa.

el Capullo - algo que cubre la larva para protegerla mientras se transforma en mariposa.

la Crisálida, la Pupa - la etapa quieta entre ser larva y ser mariposa, normalmente en un capullo, mientras la larva se transforma en mariposa.

Emigrar - mover de un lugar a otro, como cuando las mariposas vuelan a climas calientes en el invierno.

Hibernar - dormir por todo el invierno.

el Insecticida - un veneno que mata los bichos.

el Insecto, Bicho - un animalito pequeño, sin esqueleto, cubierto de afuera por un cascarón. Está dividido en tres partes (cabeza, abdomen y tórax) con tres pares de patitas articuladas y uno o dos pares de alas.

la Larva - una oruga, el "gusano", que anda lentamente; la cría de una mariposa.

Mancha en forma de ojo - una mancha en las alas de una mariposa. Es de muchos colores, y parece ser ojo. Sirve para asustar a los predadores.

la Metamorfosis - cambiar de forma o aparencia, tal como una oruga se transforma en una mariposa.

el Nectar - líquido dulce en una flor; a los colibrís, a las abejas y a las mariposas les gusta muchísimo. Es el ingrediente principal de la miel hecha por las abejas.

la Oruga - la larva de una mariposa, a veces peluda, en forma de gusano. Empolla de huevos.

la Probóscide - el tubo largo de un animal, como un colibrí, un elefante o una mariposa. Sirve para chupar.

el Polen - un pedacito del grano de una flor, casi microscópico, que parece polvo. Fertiliza la flor para producir semillas.

el Polinizador - el bicho o animal que lleva el polen de una flor a otra para fertilizarla.

el Predador - un enemigo que sigue la pista de un animal, lo mata y lo come.

los Tarsos - las patitas de una mariposa que parecen pelotitas.

Juego de emparejar palabras
inglés – español

inglés	español
1. bird	a. el néctar
2. camera	b. el búho
3. insecticide	c. la abeja
4. lady bug	d. el nido
5. bee	e. el girasol
6. butterfly	f. la araña
7. beak	g. el pájaro
8. birdhouse	h. el jardín
9. sunflower	i. el insecticida
10. hummingbird	j. la cámara
11. birdbath	k. la mariquita
12. garden	l. el polen
13. caterpillar	m. la mariposa
14. nectar	n. la foto
15. flower	o. el pico
16. spider	p. la flor
17. owl	q. la oruga
18. pollen	r. el colibrí
19. photo	s. la casita para pájaros
20. nest	t. la pila para pájaros

Las respuestas

1. bird   el pájaro

2. camera   la cámara

3. insecticide   el insecticida

4. lady bug   la mariquita

5. bee   la abeja

6. butterfly   la mariposa

7. beak   el pico

8. birdhouse   la casita para pájaros

9. sunflower   el girasol

10. hummingbird   el colibrí

11. birdbath   la pila para pájaros

12. garden   el jardín

13. caterpillar   la oruga

14. nectar   el néctar

15. flower   la flor

16. spider   la araña

17. owl   el búho

18. pollen   el polen

19. photo   la foto

20. nest   el nido

Reconocimiento

Colorea mi jardín es el tercer libro que Rita Ter Sarkissoff ha diseñado para mí. Me siento muy afortunada de que ella trabaje conmigo. Como siempre ha usado su magia talentosa en el diseño. Esta superfantástica diseñadora de libros siempre triunfa. Siempre trabajamos juntas Rita y yo por larga distancia—amigas y colaboradoras por muchos años, sin habernos conocido en persona. Y claro que estoy agradecida ser miembro del programa de los Sonoma County Master Gardeners desde el 2000. Sus amistades y apoyo son de lo mejor. Si no fuera por ellos, yo nunca habría aprendido de la jardinería del hábitat.

Y para esta versión en español de Colorea mi jardín, le doy las gracias sinceras a mi amiga y profesora muy paciente de español, Carolyn Thiessen. Nos conocimos en 1989, cuando me matriculé en la primera de cuatro clases con ella. Compartimos un amor por el español y Shakespeare; más valiosas estas dos materias a causa de su ánimo.

www.ingramcontent.com/pod-product-compliance
Lightning Source LLC
Chambersburg PA
CBHW081234020426
42331CB00012B/3175